Caleta de la Nutria Marina

Por
Lori Lite

Ilustrado por
Max Stasuyk

Un cuento para la relajación

M000306266

¡Felicidades!

Bienvenidos a la Caleta de la Nutria Marina.
Es divertido fingir que eres el niño/la niña del mar o que
eres una nutria marina mientras imaginas tu propia roca cálida
en la que puedes descansar. Ponte cómodo, cierra los ojos y
disfruta del acto de respirar.

NOTA PARA LOS PADRES: La respiración para la relajación funciona mejor cuando el vientre se eleva en la inhalación y se cae en la exhalación. La mayoría de nosotros no estamos familiarizados con esa sensación de movimiento del estómago. El ejercicio en el cuento de hacer volar una pluma al soplar contra ella es sólo una manera para que su hijo reciba movimiento en el vientre. Otra forma para ayudar a que el niño experimente el movimiento en su vientre, es la de acostarse de lado, lo cual le ayuda a relajar el vientre. Recuerde que debe levantar el vientre en la inhalación durante la secuencia de la respiración y dejarlo caer en la exhalación. La idea es no enfatizar ni causar estrés tratando de respirar correctamente. Respirar conscientemente ya es un gran paso.

(Para una variación de este ejercicio de respiración, los niños pueden respirar por su nariz
y dejar salir el aire por la boca diciendo ahhh ...)

Una niña del mar estaba sentada en una roca grande en medio de una caleta rodeada por acantilados altos. Este era uno de sus lugares favoritos para relajarse y aclarar la mente.

Muchas nutrias marinas venían a esta caleta para comer, jugar, y descansar en las camas de alga que se pegaban a la roca. A las nutrias marinas les encantaba poner las plantas marinas sobre sus cuerpos y flotar ligeramente en las olas. Este lugar especial se llamaba la Caleta de la Nutria Marina.

A las nutrias marinas les gustaba compartir su escondite con la niña del mar.
Todos sabían que este lugar era fantástico para descansar, relajarse, y calentar
sus cuerpos en el sol.

Los colores arremolinados de las rocas eran perfectos para absorber la luz pura y blanca del sol. A la niña del mar le gustaba cómo se sentía el calor mientras se acomodaba. Ella meneaba su cuerpo hasta poder sentir su espina dorsal y espalda relajarse contra la roca. Cerraba sus ojos y escuchaba el sonido de las nutrias marinas jugando en las olas que salpicaban contra la roca.

La roca se mantenía fuerte contra las olas del mar. La niña del mar imaginaba que
la roca se extendía por el océano y se prolongaba directo por la arena,
creando un vínculo entre ella y el centro de la tierra.
Ella se sentía a salvo y segura.

Una de las nutrias marinas era muy juguetón. Le gustaba esconderse detrás de la roca y mirar a la niña del mar cuando venía a visitar.

Un buen día el decidió aparecer de su escondite y acomodarse junto a la niña del mar. La niña del mar estaba alegre de tener compañía mientras miraba a las gaviotas volando en el cielo.

Una pluma de alguna de las gaviotas empezó a flotar hacia la niña. Se rió mientras soplaba la pluma hacia arriba en dirección a las nubes. Ella notó que al hacerlo, su vientre se puso grande y redondo. A ella le gustaba esta sensación.
Le recordaba cómo respiraba de bebé.

Otra pluma empezó a flotar hacia su cara. La niña del mar le dijo a la nutria marina que pusiera sus manos sobre su vientre y que soplara a la pluma en dirección a las nubes. La nutria marina sopló la pluma y sintió cómo su vientre llegó a ser grande y redondo. La niña del mar le explicó que esta es la manera en que su vientre debe moverse en cuanto a la respiración sana.

La niña del mar le dijo a la nutria marina que respirara hacia dentro por la nariz y hacia fuera por la nariz. El centró toda su atención en la punta de su nariz. Los dos hicieron esto respirando juntos. Respira hacia dentro por la nariz y hacia fuera por la nariz.

Adentro 2, 3, 4. Afuera 2, 3, 4...

Adentro 2, 3, 4. Afuera 2, 3, 4...

La niña del mar le dijo a la nutria marina que podía respirar de esta manera en cualquier momento que se sintiera enojada o asustada o nervioso. Podía centrarse en el movimiento del aire hacia dentro y hacia fuera de la punta de su nariz, y podía sentirse tranquila y sano. La nutria marina puso las manos sobre su vientre, y lo sintió levantarse y bajarse mientras el aire se movía hacia dentro y hacia fuera.

Por unos momentos los dos respiraron juntos.

Respira hacia dentro por la nariz y hacia fuera por la nariz.

Adentro 2, 3, 4. Afuera 2, 3, 4...
Adentro 2, 3, 4. Afuera 2, 3, 4...

La mente de la niña del mar empezó a vagar. Ella empezó a pensar en sus planes para el próximo día. Ella imaginaba que sus pensamientos eran como una pluma mientras soplaba en su próxima exhalación. Ella prestó atención a su respiración otra vez cuando inhaló el aire fragrante y cálido del mar. A ella le gustaba cómo se sentía sosegar y tranquilizar su mente.

Ella notaba la manera en que el aire se sentía moviéndose hacia dentro y hacia fuera de su nariz. Sentía cómo su vientre se levantaba y se bajaba mientras ella y la nutria marina continuaban respirando juntos.

Respira hacia dentro por la nariz y hacia fuera por la nariz.

Adentro 2, 3, 4. Afuera 2, 3, 4...

Adentro 2, 3, 4. Afuera 2, 3, 4...

Otra nutria marina notó que la niña marina y su amigo parecían muy tranquilos y relajados. Escaló la roca y se acomodó justo al lado de ellos.

Ella empezó a respirar hacia dentro por la nariz y hacia fuera por la nariz.

Adentro 2, 3, 4. Afuera 2, 3, 4...

Adentro 2, 3, 4. Afuera 2, 3, 4...

Pronto otra nutria marina que jugaba en las olas notó lo tranquilos que se veían sus amigos. Escaló la roca y puso las manos sobre su vientre mientras se unió a los demás en la respiración.

Una por una, todas las nutrias marinas dejaron de jugar y empezaron a escalar las rocas. Pusieron las manos sobre sus vientres y empezaron a respirar hacia dentro por sus narices y hacia fuera por sus narices.

Adentro 2, 3, 4. Afuera 2, 3, 4...

Adentro 2, 3, 4. Afuera 2, 3, 4...

Pronto la roca entera estaba cubierta de nutrias marinas. Ellos sentían sus vientres levantándose y bajándose al respirar con los demás.

Ahora la roca latía como un corazón gigante emitiendo un pulso de tranquilidad que tocaba a todo su alrededor y a toda forma de vida en su paso. El patrón de respirar fue tan increíble y tan poderoso que tocaba al océano debajo y al aire de arriba.

Las gaviotas que volaban en el cielo se relajaban mientras dejaban que el aire las levantara hacia arriba y abajo.

Arriba 2, 3, 4. Abajo 2, 3, 4...

Arriba 2, 3, 4. Abajo 2, 3, 4...

El agua subía y bajaba mientras el océano parecía suspirar.

Adentro 2, 3, 4. Afuera 2, 3, 4...
Adentro 2, 3, 4. Afuera 2, 3, 4...
Adentro 2, 3, 4. Afuera 2, 3, 4...

La roca, el océano y las gaviotas llegaron a estar más tranquilos,

más fuertes, y más balanceados con cada respiración.

Toda la tierra pulsaba y respiraba en conjunto.

Adentro 2, 3, 4. Afuera 2, 3, 4...

Adentro 2, 3, 4. Afuera 2, 3, 4...

Adentro 2, 3, 4. Afuera 2, 3, 4...

Adentro 2, 3, 4. Afuera 2, 3, 4...

Coleccione la serie Sueños del Océano Índigo y mire cómo toda la familia controla su ansiedad, estrés e ira…

Libros audios/CD:

Indigo Dreams

Indigo Ocean Dreams

Indigo Teen Dreams

*Indigo Teen Dreams
2CD Set*

*Indigo Dreams:
Garden of Wellness*

*Indigo Dreams:
Adult Relaxation*

*Indigo Dreams:
3 CD Set*

CDs de música:

*Indigo Dreams:
Kids Relaxation Music*

*Indigo Dreams:
Teen Relaxation Music*

*Indigo Dreams:
Rainforest Relaxation*

Libros en Inglés:

The Goodnight Caterpillar

A Boy and a Turtle

Bubble Riding

Angry Octopus

Sea Otter Cove

Affirmation Weaver

A Boy and a Bear

The Affirmation Web

Recursos:

*Planes Individuales
de lecciones*

*Stress Free Kids plan
de estudios*

Libros en Español:

Buenas Noches, Oruga

El Niño y la Tortuga

Montando Burbujas

El Pulpo Enojado

Caleta de la Nutria Marina

Tejedor de Afimaciones

Libros, CDs y planes de lecciones disponibles en www.StressFreeKids.com

CPSIA information can be obtained at www.ICGtesting.com
Printed in the USA
BVIW12n2353120115
382769BV00003B/22